VIA CRUCIS

CONTEMPLACIÓN DE LAS ESTACIONES DEL VIA CRUCIS A TRAVÉS DE LOS OJOS DE SAN JOSÉ DE NAZARET

© Javier Láinez, 2022
SanjoBooks
Parroquia San Josemaría en Aravaca
C/ Ganímedes 19, 28023 Madrid
Tel.: (34) 913 575 565 - (34) 636 314 386
www.psjosemaria.es
info@psjosemaria.es

Ilustraciones:
© Luis Ruiz del Árbol

Nihil obstat 30 de septiembre de 2021.

ISBN: 979-84-0368-383-8

VIA CRUCIS

CONTEMPLACIÓN DE LAS ESTACIONES DEL VIA CRUCIS A TRAVÉS DE LOS OJOS DE SAN JOSÉ DE NAZARET

ILUSTRACIONES DE LUIS RUIZ DEL ÁRBOL

A mi padre Javier,
hombre justo y caballero.

A mi amigo Javier,
por la razón que le llevó a poner el nombre de José a su 9º hijo,
a quien no pudo conocer en esta tierra.

Vivo en la fe del Hijo de Dios, que me amó y se entregó por mí.
San Pablo a los Gálatas 2, 20.

El verdadero venerador de la pasión del Señor
tiene que contemplar, con la mirada del corazón,
a Jesús crucificado de tal manera,
que reconozca en él su propia carne.
San León Magno, *Sermón de la pasión del Señor 15,3-4.*

¡Dios mío! –¡tuyo!– tesoro infinito, margarita
preciosísima, humillado, hecho esclavo, anonadado
con forma de siervo en el portal donde quiso nacer, en el
taller de José, en la Pasión y en la muerte ignominiosa...
y en la locura de Amor de la Sagrada Eucaristía.
San Josemaría Escrivá, *Camino 432.*

Introducción

San Josemaría Escrivá comentó en cierta ocasión, mientras estaba en São Paulo, que llevaba tiempo tratando de «meter» a san José en la contemplación de los misterios Dolorosos del Santo Rosario. Hacerlo en los misterios Gozosos era obvio, porque él estaba allí. En los Gloriosos también, puesto que desde la gloria del cielo se contempla todo con ojos de eternidad. Pero, ¿y los Dolorosos? En una entrañable tertulia, llena de intimidad, con hijos suyos brasileños confesó que por fin lo había logrado. Su hijo Álvaro del Portillo, allí presente, le había soplado el cómo. Está recogido en los recuerdos de algunos que estuvieron presentes. Aunque ninguno ha revelado con detalle su secreto. Solo algunas pistas que trataremos de seguir.

Nos disponemos a recorrer las estaciones del Via Crucis. El esquema tradicional del recorrido deriva de la *via sacra* que los peregrinos de Jerusalén hacían deteniéndose en lugares donde la tradición o la piedad señalaban un hito. Al considerar el suceso ocurrido en cada rincón, el alma se eleva a Dios, se ven las cosas con la mirada de la fe y se descubre el prodigio de encontrarse con Jesús en el mismo espacio físico por el que él anduvo.

Es hermoso considerar que Jesús es el Verbo de Dios hecho carne. Y por eso para nosotros, lectores, espectadores, contempladores del Verbo, tienen tanto sentido los adverbios: aquí, después, nada, entonces, verdaderamente… El Evangelio está lleno de ellos. La fe es un don divino. Y la fe se comporta, no pocas veces, como un lenguaje. Es nuestra comunicación. Por eso los adverbios manifiestan también nuestro protagonismo en el encuentro con el Verbo. *AD VERBUM*, hacia el Verbo, dirigido al Verbo. Es importante que cada cual busque el modo de soltarse en la conjugación de los modos, de los tiempos y de los lugares.

¿Cómo meteremos a san José? Buscaremos entre el público que asiste al camino de la cruz a un varón que responda a la descripción de san José. San Mateo dice en su Evangelio que José era un hombre justo. Y qué mejor retrato del justo que el que ya está hecho en el primer Salmo del salterio: *Dichoso el hombre cuyo gozo es la ley del Señor; medita su ley día y noche. Es como un árbol plantado al borde de la acequia: da fruto en su sazón y no se marchitan sus hojas; cuanto emprende tiene buen fin. Porque el Señor protege el camino de los justos.*

Un varón justo, entonces. Para descubrir en cada caso de quién se trata, veremos las características que le hacen idóneo para el papel de ser en la tierra la sombra del Padre Eterno que observa con atención los pasos de su Hijo. Los estudiosos de las Sagradas Escrituras han sabido reconocer en distintos personajes de la Historia de la salvación la tipología de Cristo. Afirman que el justo Abel, el sacerdote Melquisedec, el inocente Isaac y hasta el mismísimo rey

David son tipos de Cristo. En este sentido, vamos a indagar entre los espectadores de la Pasión del Señor para fijarnos en este o aquel varón justo que, con las características de san José, se aproxime al cortejo y nos lleve de la mano a contemplar a Jesús.

Como José es hombre más de hechos que de palabras, esa pista nos servirá también de referencia para alcanzar el grado de contemplación del que hablaba el santo Cardenal Newman: «*Ahora os ruego que tengáis presente que aquel rostro que escupieron sin piedad era el rostro del mismo Dios. La frente ensangrentada con las espinas, el cuerpo sagrado expuesto a la vista de todos y despedazado por los azotes, las manos clavadas en la cruz y luego el costado atravesado por la lanza, eran la sangre y la carne sagrada, las manos, las sienes, el costado y los pies del mismo Dios, en quien la muchedumbre enfurecida tenía puestos los ojos. Es un pensamiento tan terrible que, cuando la mente empieza a poseerlo, seguramente le será difícil pensar en cualquier otra cosa*».

Oración inicial

V/. En el nombre del Padre, del Hijo y del Espíritu Santo.
R/. Amén.

Buscamos la compañía de José de Nazaret, el que hizo en la tierra las veces de padre de Jesús, para que nos haga de guía en el itinerario hacia la cruz. Dice santa Teresa de Jesús que *quien no hallare maestro que le enseñe a orar, tome a este glorioso santo por maestro y no errará el camino.* Permítenos, Señor, acompañarte con nuestro guía en el camino de la Pasión.

Queremos orar y ser, en el drama del calvario, *como un personaje más.* Habremos de escondernos entre la gente que te mira y rezar contigo. Si logramos romper la barrera y pasar de ser meros espectadores a conseguir meternos de lleno en tus llagas, en tu dolor, en tu diálogo con el Padre Eterno, habremos hecho una buena meditación.

Unámonos a la muchedumbre que desde la casa de Pilato recorrerá las calles de Jerusalén para subir hasta el Gólgota. Iremos de la mano de san José, de tipos de José que nos lo hacen actual. Podremos escuchar en sus pechos los latidos de *Patris Corde,* del corazón de padre, como el de José. José, el carpintero

de Nazaret, reflejo en la tierra del mismísimo Padre
Eterno que contempla a su Hijo.
Santa María, Madre de Dios y Madre nuestra.
José, esposo de María y padre del Rey que muere en
el calvario.
Ángeles que rondáis cerca de la Cruz asombrados por
el precio del rescate del hombre. Rogad por nosotros.
Rezad con nosotros.

Enseñadnos a recorrer el camino de la cruz, ese que
tiene por final la completa locura por Jesús.
Amén.

V/. Te adoramos, oh Cristo, y te bendecimos.
R/. Que por tu Santa Cruz redimiste el mundo.

*Al final de cada Estación, se reza padrenuestro, avema-
ría y se concluye...*

V/. Señor, pequé.
R/. Ten piedad y misericordia de mí.

I ESTACIÓN
Jesús es condenado a muerte

Por Nicodemo, el fariseo

A Jesús, culpable, lo llevan al matadero cargando sobre él la maldad de los hombres todos. Irá en una sucesión de procesos de Anás a Caifás, de Herodes a Pilato. Procesos aparentemente legales en los que la gran ausente será la verdad. *¿De dónde eres tú? ¿Quién eres? ¿Quién es tu padre? ¿No eres el hijo del carpintero? ¿Y ahora dices ser rey? ¿De dónde viene tu realeza?* El alboroto es grande y cada vez tiene más audiencia. Todos quieren asistir al espectáculo.

Si san José no hubiera fallecido años antes, pocos dudarían de que habría estado allí, junto a María para dar la cara por su Hijo. Pero su nueva familia ya no está. Sus discípulos no están, se han dispersado. Herido el pastor, el rebaño ha huido de puro espanto. Solo hay uno que le defiende. Su nombre es **Nicodemo** y en el proceso ha defendido a Jesús: «*¿Acaso nuestra ley permite juzgar a nadie sin escucharlo primero y averiguar lo que ha hecho?*» ¿Averiguar? No hay nada que averiguar, le responden con acritud. *Estudia y verás que de Galilea no salen profetas.* Callado, **Nicodemo**, el amigo de tantas noches con Jesús, verá cómo la trampa se va cerrando en torno a la condición de rey que pretende Jesús. *¿Rey? ¿Tú eres rey?* El último juez, Pilato, duda. Y duda mucho. *He aquí al hombre*: Miradle. Humillado, apaleado, vestido con un andrajo ofensivo, con una caña cascada por cetro y como rey de burlas una corona de espinas sobre su cabeza tumefacta. *Yo soy rey –dice Jesús– para esto he venido. Para decir la verdad. Todo el que es de la verdad escucha mi voz.*

Yo, **Nicodemo** no conocí a José de Nazaret, el padre de Jesús en la tierra. De él no se conservan palabras en el Evangelio. En cambio, sí que hay bastantes palabras mías. Y palabras de Jesús sobre mí: «*¿Tú eres maestro en Israel, y no lo entiendes? Tanto ha amado Dios al mundo, que entregó a su Unigénito, para que todo el que cree en él no perezca, sino que tenga vida eterna*». Yo, tan sabio y entendido para según qué cosas, no entendía una palabra de lo que Jesús me estaba diciendo y le rebatía: «¿Cómo puede nacer un hombre siendo viejo? ¿Acaso puede por segunda vez entrar en el *vientre de su madre y nacer?*». ¡Qué necio fui! No percibía que Jesús me hablaba de la verdad: «*El viento sopla donde quiere y oyes su voz, pero no sabes de dónde viene ni adónde va. Así es todo el que ha nacido del Espíritu*». Al contemplar a Jesús mancillado por la farsa de un juicio injusto, se me viene al corazón el dolor de tantas víctimas de la mentira: Mentiras de la prensa. Mentiras del gobierno. La impotencia de los calumniados; de los señalados con el dedo; de los falsamente delatados; de los que gimen en silencio, perseguidos por decir en voz alta lo que piensan; de los que ni siquiera se atreven a decir nada que se aparte de lo establecido por la corrección política. *Todo el que es de la verdad, oye mi voz.* Tente del brazo de un hombre justo como Nicodemo y pregúntate: ¿Oigo la voz de Jesús? ¿Soy de la verdad o de la mentira?

II ESTACIÓN
Jesús es cargado con la cruz
Por Job, el paciente

Carga Jesús con la cruz a las puertas del pretorio. Casi imposible no pensar en el pastor que acarrea sobre sus hombros la oveja perdida. A la cruz se le han hecho muchas alabanzas *¡Salve, Cruz, esperanza única!* Pero no hay loas para la oveja estúpida que se descarrió. Sin embargo, Jesús no desprecia la carga, ni la de la cruz ni la del borrego. Abraza la carga e inicia los primeros pasos. Inseguros los pies, decidido el rumbo y la fuerza de los brazos que aseguran la carga. *El que no carga con su cruz de cada día no puede ser mi discípulo…*

¿Sabes con quién cargó Jesús una vez con tan solo la fuerza de su palabra? Un sujeto llamado **Job**, igual que el desdichado protagonista del libro de la Biblia. En su momento **Job** no supo reconocer a Jesús. Llevaba *treinta y cinco años postrado en la piscina de Betesda, junto a la Puerta de las ovejas*, sin poder moverse para alcanzar las aguas milagrosas. **Job**, el paralítico no tenía nadie que pudiera cargar con él y echarle al agua en el momento preciso. Otros se le adelantaban y quedaban sanos. Él, una vez y otra, veía su ilusión

19

frustrada. Solo. *Vae solis!* *¡Ay, del que está solo!* Tal vez con una chispa de esperanza en los ojos, en los que a veces reverberaban los reflejos del agua removida. Un día apareció Jesús. *¿Quieres ser curado? No tengo a nadie...* balbuceó **Job**. Y después, la palabra: *Levántate, toma tu camilla y vete a casa.* Olvídate del agua. Fíate de mí.

Estas son las palabras de **Job**: *Por alimento tengo mis sollozos, los gemidos se me escapan como agua. Me sucede lo que más me temía, lo que más me aterraba me acontece. Carezco de paz y de sosiego,* mi corazón siente el pesar del peso. Como una angustia por un hijo moribundo. Pero Jesús me hizo volar con la sola melodía de su voz, ¿quieres ser curado? Yo, deslumbrado, ni siquiera sabía quién me estaba curando. Recuerdo muy bien el aviso de Jesús: *Mira que has quedado sano, no peques más.* Por eso yo, Job, os digo: Hay mucho dolor causado por la ignorancia. Mucho sufrimiento acumulado en almas atormentadas por el infortunio: Mujeres violadas, preñadas y descartadas. Niños pervertidos por los juegos de los adultos y después abandonados a su suerte. Jóvenes seducidos por los paraísos de la droga, de las noches de marcha y las alegres copas llenas de veneno mortal. Hombres que malgastan el jornal en las mesas de juego antes de llegar a casa. Ególatras que no tienen ojos para ver a los Lázaros que mendigan a la puerta de sus mansiones. Líbranos, Jesús, de ese peso. *He aquí que hago nuevas todas las cosas,* dijiste. Danos una vida nueva, te decimos.

III ESTACIÓN
Primera caída de Jesús

Por Jonatán, el abatido

Cae Jesús. El suelo está terriblemente duro. Más que una piedra. ¿De dónde va a sacar Jesús las fuerzas si el látigo le ha arrancado la carne? ¿Cómo verá dónde poner los pies si la sangre de su frente, hincada de espinas, le nubla la mirada? Como el ciervo vulnerado podría Jesús cantar su pena con las palabras del salmo: «*voy encorvado y encogido, todo el día camino sombrío. Tengo las espaldas ardiendo, no hay parte ilesa en mi carne; estoy agotado, deshecho del todo; rujo con más fuerza que un león. Señor mío, todas mis ansias están en tu presencia, no se te ocultan mis gemidos; siento palpitar mi corazón, me abandonan las fuerzas, y me falta hasta la luz de los ojos*».

En una de las callejas de Jerusalén, mirando a Jesús recién caído, encontramos una mirada nueva, de un hombre asustado pero aún decidido porque agarra con fuerza su alma entre los dientes. Hay todavía algo de coraje en sus ojos. Su nombre es **Jonatán**, como aquel entrañable amigo del Rey David. **Jonatán** es un hombre de esos que cargan con la sombra de la tristeza de este mundo porque tiene comprobada su mala suerte: *las puertas de la calle se cerrarán y el ruido del molino será solo un eco; se debilitará el canto de los pájaros, las canciones se irán apagando; darán miedo las alturas y en las calles rondarán los terrores.* Sin embargo, más allá de su abatimiento, vuelca ahora su hombría de bien al observar cómo Jesús cae derrumbado al suelo. ¡Yo sé de eso! ¡Sé lo que es un hombre caído!, podría gritar. Sé cómo la derrota hunde, cómo la desgracia derrumba y todo queda sumido en el salvaje dolor sordo de lo que se ha perdido sin remedio. Y como **Jonatán**, el abatido, es también hombre bueno y justo como san José, consolará a Jesús que acaba de rodar por el suelo en lugar de pensar cínicamente: Mira, qué bien: *otro que muerde el polvo…*

Oh, Jesús, dice **Jonatán** en su oración, en tu primera caída nos llevas a pensar en todos los abatidos por la desgracia. Algunos han llegado hasta el fondo del pozo de la depresión. Cúralos a todos, Señor. A los que se han rendido sin haberlo intentado todo. A los que han decidido permanecer en el suelo y han renunciado a seguir adelante. A todos los cobardes de corazón. A todos los derrotados. A todos los hombres y mujeres tristes, dales el consuelo, Jesús. Enséñanos a poner de nuevo nuestro cuerpo en pie, nuestra alma en movimiento. *Levántate, hijo. Levántate, toma tu tristeza y echa a andar. Sal fuera, amigo, como Lázaro. Vuelve a la vida. Que no se llama vencedor el que no cae nunca sino el que se levanta siempre.*

IV ESTACIÓN
Jesús se encuentra con su Madre

Por Santiago el Menor, apóstol

María es la primera que le ve doblar la esquina con la cruz a sus espaldas. El encuentro de María con Jesús en la ruta del Gólgota es un canto de dulzura dentro del cuadro general de horror por lo que está ocurriendo. María pone una gota de amor líquida, transparente, clara, fresca en un ambiente en el que toda humedad es sudor, vapores pestilentes de la multitud enfebrecida, salivazos y orines que se arrojan al perdedor que pasa. María está sola. Es viuda. Hay otras mujeres. El adolescente Juan la viene siguiendo de cerca. Sabe quién es aunque no ha tenido mucho trato con él. Echa de menos a José. Él aportaría aplomo en estos momentos pavorosos. Cogida de su brazo no tendría tanto miedo al atravesar los muros de cuerpos que se interponen entre ella y su Hijo.

En uno de sus giros de cabeza, María descubre por el rabillo del ojo que alguien a quien sí conoce bien está muy cerca. Es su sobrino **Santiago**, el hijo de Alfeo, hermano de José su esposo. Jesús y él han crecido juntos. Su cuñada María de Cleofás andará también cerca, y tal vez eso explique que **Santiago** esté ahora allí y no se haya escondido como los otros discípulos de su Hijo. Algo aliviada, María se deja sostener por el brazo de su sobrino. No es un brazo firme, es más bien medroso. Pero le vale. Es un apoyo varonil de alguien de la familia que está haciendo el papel de sombra de José en este drama. **Santiago**, su compañero de juegos, terminó uniéndose a la familia nueva de Jesús e incluso aceptó ser nombrado Apóstol por Él en un momento de gran solemnidad. Ahora tiembla, sin embargo. Su fe se está desvaneciendo y a pesar de sus esfuerzos no se sabe bien quién está sosteniendo a quién.

Santiago, el temeroso, trae al corazón de María el lamento de otras madres que tienen el alma henchida de pesar. Las que han perdido un hijo. Las que se han desgarrado el alma con preguntas imposibles ante un hijo que se mata, que lo matan o que se muere. También aquellas madres que, en medio del vértigo de una decisión terrible, han matado a sus propios hijos antes de nacer. Las que los han diseñado en clínicas de fertilidad para que tuvieran los ojos verdes. Las que lo han aprisionado para que nunca dejara de ser pequeño. Las que secuestraron a la criatura para hacer daño al cónyuge. Las que fueron abandonadas con la criatura colgando aún de sus pechos. Las madres maldecidas y maltratadas por una propaganda infame que las ha hecho estériles y vacías. María, Madre de los dolores, acoge el dolor bendito y maldito de todas las madres.

V ESTACIÓN
Simón Cireneo ayuda a Jesús
Por Simón, el Cireneo

Al salir por las puertas de la ciudad, el siniestro cortejo de los condenados se encuentra con una concurrencia tal que hace difícil el paso incluso en campo abierto. Simón de Cirene, el **Cireneo**, padre de Alejandro y de Rufo, dos discípulos de Jesús, vuelve de su granja y pretende entrar en Jerusalén. La muchedumbre se lo impide. Orillado, espera dejar el paso franco cuando uno de los soldados del piquete de ejecución echa mano de él para que ayude al reo a llevar el madero de la cruz. ¿Quién se había fijado en él? ¿Quién lo conocía? ¿Fue tan solo su aspecto de hombre robusto lo que le valió para ser elegido? ¿Elegido por uno de los verdugos, además?

Llevar la cruz es infamante. Hasta el Libro Santo llama *maldito al que cuelga de un madero*. Ayudar a un condenado no forma parte de los deberes de caridad de ningún judío piadoso. Es una afrenta. Solo la fuerza bruta de los militares ha podido conseguirlo. Simón, ya doblegado en su resistencia, accede a colaborar al fin. Se le encoge el estómago al ver el aspecto macilento y deshecho de Jesús. Le han torturado a conciencia. No será extraño que no consiga llegar a la cima del calvario. Entre empellones y gritos, Simón y Jesús levantan la cruz y la hilera macabra de los reos reemprende la marcha. Van tan cerca el uno del otro que casi parecen abrazados. Jesús mira a su compañero con un gesto como de agradecer que le esté auxiliando con este tronco de peso imponente. Mientras, por la mente de Jesús se cruza como un trallazo un recuerdo preciso: Siendo muy joven aún, Jesús trasportó con su padre José inmensos tablones y cargas pesadas. Iban casi igual que ahora. Compartían la carga y se abrazaban. La sombra de Simón, cuyo sudor se mezcla con el de Jesús, hace de este momento una memoria viva de José, el carpintero de Nazaret.

Yo, **Simón de Cirene**, he sido conminado por la fuerza pública a prestar ayuda a Jesús. Me lo han impuesto. Todos obedecemos a los que tienen autoridad, aunque se pueda discutir si tal poder es legítimo. Todos somos ciudadanos. Entre todos nos ocupamos de los asuntos que conciernen a todos. A eso le llamamos la cosa pública. Los que gobiernan cuentan con la ayuda de los funcionarios. Al mismo juez que terminará condenándolo a muerte le explica Jesús: *Si mi reino fuera de este mundo, mi guardia habría luchado para que no cayera en manos de los judíos.* Pero la sociedad es más grande que la mera capacidad del que manda para subyugar a los demás. Todos nos ayudamos a proteger la salud, a transportar las mercancías, a mantener ordenadas las ciudades y transitables los caminos. A *cuidar la creación* que Dios puso en manos del hombre. A disfrutar de *derechos en la vida civil.* Eso no lo hacen solo funcionarios. Que haya siempre Cireneos para hacer esta vida posible. Rogad por ellos al Señor.

VI ESTACIÓN
La Verónica limpia el rostro de Jesús
Por Azarías, el ángel

Verónica es mujer. Mujer valiente. Todo en ella tiene el ímpetu de un torbellino: es inteligente, audaz, intuitiva y exhibe sin rubor una delicada ternura. La tradición nos dice que Verónica se lanzó en medio del tumulto y enjugó con un paño el rostro sanguinolento de Jesús. En ese gesto se arrebolan, como las nubes en el alba, la sensibilidad maternal, el dulce tacto de la mano amiga, la fresca sensación de afecto que alivia el dolor y la soledad del hombre que arrastra el madero de la cruz. Al tocar la cara de Cristo, un sinfín de notas compusieron una melodía nueva que se abrió paso en medio del bullicio del gentío. Las manos se ahormaron sobre el rostro desfigurado de Jesús haciendo como de encarnadura que alivia y retrata. Cristo deja caer su rostro sobre las manos de aquella mujer. Manos que lo envuelven mientras Él se abandona a esa delicada señal de vida.

Junto a las tres figuras acuclilladas junto a la Cruz –Verónica, el Cireneo y Jesús– aparece un cuarto personaje que perece ser el modulador de la música. Viste con una túnica multicolor, es muy joven y parece un ángel. Es **Azarías**. Es él *quien presenta el memorial de nuestras oraciones ante la gloria del Señor.* El que ha acompañado a Jesús en su agonía en el Huerto, «*un ángel del cielo, que lo confortaba*», dice la Escritura. Una criatura consuela a su creador. Su vestido multi-color recuerda al que Jacob *confeccionó para su hijo José,* el más amado. Su melodía es terrible, porque es el canto del Siervo de Yahvé: «*Lo vimos sin aspecto atrayente, despreciado de los hombres, como un varón de dolores, amoldado a los sufrimientos, ante quien se ocultaban los rostros, despreciado y desestimado. Él soportó nuestros sufrimientos y aguantó nuestros do-lores; nosotros lo estimamos leproso, herido de Dios y humillado; pero él fue traspasado por nuestras rebelio-nes, triturado por nuestros crímenes. Nuestro castigo saludable cayó sobre él, sus llagas nos curaron*».

Yo, **Azarías**, he recibido el encargo de iluminar el gesto de Verónica. Ella, artífice del retrato de Je-sús que quedó impreso en el lienzo, lleva también mi canción bailándole en el alma mientras enjuga el semblante de Cristo. Ruego al Señor que los jóvenes siempre atraídos por la belleza y no pocas veces se-ducidos por el señuelo de las flores del mal, se con-viertan en *geniales constructores de belleza, que pue-dan intuir algo del* pathos *con el que Dios contempla la obra de sus manos.* Que sepan y quieran ser artistas de su propia vida y amen la belleza como Dios que *vio todo lo que había hecho, y era muy bueno.*

VII ESTACIÓN

Cae Jesús por segunda vez

Por Ezequiel, el manirroto

El peso de la cruz, el tórrido calor de la hora sexta, la polvareda que obstruye la respiración, el griterío y la enorme fatiga de Jesús hacen que vuelva a caerse. Estrepitosamente. Como si el empedrado se hubiera levantado para estampar un beso feroz en quien lo estaba pisando. Y todo ello, a pesar del esfuerzo del Cireneo que se distrae sujetando la cruz mientras Jesús se le escurre y va a estrellarse contra el suelo. Uno de los curiosos que miran el cortejo se adelanta también para sostener la cruz y que no aplaste al condenado que yace sobre las piedras del camino. Lo hace con asombrosa habilidad, como si su mano derecha estuviera diseñada especialmente para agarrar cruces que se caen. El Cireneo le mira sorprendido. Los soldados no se atreven a estorbarle el gesto.

Al espontáneo le dejan hacer los soldados y los mirones. Se llama **Ezequiel** y no siempre tuvo tan ágil su mano derecha. Durante mucho tiempo tuvo la mano seca, anquilosada, inútil. No era un pecador sino más bien un lisiado: *«Si me olvido de ti, Jerusalén, que se me paralice la mano derecha».* **Ezequiel** se encontró con Jesús en la sinagoga de Cafarnaún y escuchó de sus labios unas palabras que lo cambiaron todo: «*Extiende la mano*». *La extendió y su mano quedó restablecida*. Y ahora está en Jerusalén, muy lejos de su casa, porque tenía que sostener con su mano curada la cruz de Jesús que cae. Tenía que ser la sombra del Padre: «*Mi Padre sigue actuando, y yo también actúo*».

A mí, **Ezequiel**, un tullido de Cafarnaún, me curó la mano el hijo de un carpintero de Nazaret. Un carpintero que caminaba por aquellos parajes rodeado de pescadores. Gente trabajadora. Ni cultos ni refinados. Sus manos ajadas los delataban por el duro trabajo y el olor agrio de su ropa era una seña de identidad trabajadora. «*Comerás el pan con sudor de tu frente*». Dicen que el hombre ha sido creado para trabajar. No castigado, sino encargado de completar la obra de Dios. No pocos han hecho de su labor diaria una alabanza al Creador. Abel ofrecía a Yahvé lo mejor de sus rebaños como sacrificio. Y su hermano lo mató: «*La envidia de la virtud hizo a Caín criminal. ¡Gloria a Caín!, hoy el vicio es lo que se envidia más*», escribió un poeta. ¿El trabajo es para gloria del hombre o para la gloria de Dios? Mi mano, antes incapacitada, es ahora capaz de filigranas y sutilezas antes impensables. Puedo convertir cada una de mis habilidades en un homenaje al Señor. *Y cuando haya terminado mi trabajo, haré el de mi hermano, ayudándole, con tal delicadeza y naturalidad que ni el favorecido se dé cuenta de que estoy haciendo más de lo que en justicia debo*. Haz Señor que pueda hoy realizar el sacrificio de Abel.

VIII ESTACIÓN
Jesús encuentra a las mujeres de Jerusalén

Por Marcos, el desnudo

Mujeres de Jerusalén. Apostadas en un recodo del camino de la cruz. Un corrillo que mira a Jesús que pasa, tambaleándose bajo el travesaño de la cruz, y rompe en elegías por el cordero inocente que está siendo llevado al matadero. Donde hay mujeres, también hay niños. Y entre el grupo de comadres, doñas y viudas se descubre a un muchacho. Tiene la edad imprecisa de quien está pasando de la pubertad a la adolescencia temprana. Un chico es quien va a asumir el papel de san José en este punto del drama de la pasión de Cristo.

Se llama **Marcos**. Es el que en las horas amargas de la emboscada de Jesús en el huerto de los olivos apareció en el momento en el que los guardias apresaban a Jesús y lo llevaban a empellones para ser juzgado por los doctores y magistrados de Israel. Así narra él mismo la deserción de los discípulos: *Todos lo abandonaron y huyeron. Lo iba siguiendo un muchacho envuelto solo en una sábana; y le echaron mano, pero él, soltando la sábana, se les escapó desnudo.* La desnudez tiene un lugar en la plástica de la Pasión. *Desnu-*

do vino Jesús al mundo y desnudo se nos ha ido. **Marcos** y Jesús, ambos expuestos. *Sin nada opaco que les cubra*. Traslúcidos. Además, **Marcos** conoce bien a Jesús a pesar de ser tan niño. En su casa se ha celebrado la Última Cena, su madre anda con la Virgen María y con las otras mujeres que también vienen siguiendo a Jesús desde hace meses. Ahora, vestido y presentable, escucha a Jesús hablar a las mujeres del recodo: «*Hijas de Jerusalén, no lloréis por mí, llorad por vosotras y por vuestros hijos, porque, si esto hacen con el leño verde, ¿qué harán con el seco?*».

Mi nombre es **Marcos** y al igual que José de Nazaret, sé bastante de sueños. No he tenido comunicación con ángeles ni recibido encargos de Dios mientras dormía, como le pasaba a él. Eso es propio de los que llevan el nombre de José y el mío es otro. Pero sé lo que es soñar. Puedo decir con el salmo: *bendeciré al Señor que me aconseja, hasta de noche me instruye internamente*. Hace poco he soñado con el árbol verde del que habla Jesús. El árbol *plantado al borde de la acequia: que da fruto en su sazón*. Así querría que creciesen los hijos de nuestras familias. Soñé que tendrán escuelas, con buenos maestros, con padres que se comprometan y que cumplan el estribillo de la canción: *Enseñad a bien a vuestros hijos, porque buscan la verdad antes de morir*. Brotes del árbol verde que puedan decir *dichoso el hombre cuyo gozo es la ley del Señor, y medita su ley día y noche. Porque el Señor protege el camino de los justos, pero el camino de los impíos acaba mal*. Señor, que nuestros hijos no acaben como el árbol seco, sino que se formen en libertad y puedan llegar a ser *santos, sabios, alegres y deportistas*. Creo que en mi sueño también aleteaba el espíritu de Dios.

IX ESTACIÓN
Tercera caída de Jesús
Por Efrón, la multitud

La tercera caída de Jesús se produce a pocos metros del lugar de la ejecución. Ha trastabillado y por pura debilidad se derrumba sin que nadie pueda impedir que ruede por el suelo. Esta vez Jesús yace boca arriba, con la ropa desgarrada y sucia. *De la planta del pie a la cabeza no queda parte ilesa: heridas y contusiones, llagas abiertas, no limpiadas ni vendadas ni aliviadas con aceite.* Es un dolor ver así a Jesús, roto, triturado por el infinito peso de los pecados. Es como si se hubiera despeñado.

Efrón conoció a Jesús en circunstancias dramáticas. Era un monstruo que a fuerza de cometer pecados terminó poseído por una multitud de demonios que acamparon en su espíritu. Entonces le llamaban Legión. Eran miles los espíritus inmundos que tenía en su interior. Con una fuerza sobrehumana, rompía con sus manos hasta las mismas rocas. Saltaba entre los sepulcros. Todos le temían. *Soy la multitud y estoy solo cantaba en la adolescencia; solo y definitivamente solo. No adentro de la multitud, sino con la multitud adentro.* Pero Jesús se apiadó de él. El suyo fue uno de los milagros al que se puso un precio. La vida de **Efrón** vale exactamente lo que valgan en el mercado dos mil cerdos. Esos dos mil cerdos cayeron al mar al arrojarse por un barranco y se ahogaron. Se llevaron al fondo de las aguas la legión de demonios. Curado por Jesús, vinieron gentes de los alrededores. *Llegaron junto a Jesús y encontraron al hombre del que habían salido los demonios, sentado a sus pies, vestido y en su sano juicio, y se llenaron de temor.* **Efrón**, quiso entonces irse con Jesús. *Pero* él *no se lo permitió, sino que le dijo: «Vete a casa con los tuyos y anúnciales lo que el Señor ha hecho contigo y que ha tenido misericordia de ti».* **Efrón** se marchó y *empezó a proclamar lo que Jesús había hecho con él.* Tiempo después, subió hasta Jerusalén y allí contempla ahora a Jesús, caído en el suelo, como Jesús lo había visto a él, como un retablo de dolores, elocuente retrato de la devastación que produce el pecado.

Me llamo **Efrón** y mi nombre deriva de mi familiaridad con los sepulcros. ¡Qué cosa tan terrible es la muerte! El cuarto de *los jinetes del Apocalipsis*. El azote del caballo pálido de la peste ha atemorizado a la humanidad durante siglos. Cuando nos ha tocado sufrir una epidemia y hemos sabido de miles de fallecimientos, hemos escondido el doloroso rictus de la muerte. Es un tema obsceno. Hablar en público de muerte es de pésimo gusto. Y más aún reflexionar sobre ella. La ocultamos en tanatorios asépticos muy lejos de la mirada de los vivos que pronto o tarde ocuparán los nichos que vayan quedando vacíos. Señor, que no tengamos miedo a la muerte. Que no escondamos *nuestra condición mortal.* Danos fe para saber vivir de cara a la vida eterna y no de cara *a la muerte eterna.*

X ESTACIÓN

Despojan a Jesús de su túnica

Por Eutifrón, el griego

Al llegar a la cima del calvario, desnudan a Jesús. Le despojan de su túnica. Era una prenda buena, tanto que los soldados de la patrulla se la rifarán después. *Era una túnica sin costura, tejida toda de una pieza de arriba abajo. Y se dijeron: «No la rasguemos, sino echémosla a suerte, a ver a quién le toca».* Ahora queda Jesús desnudo. Expuesto. Humillado, como un *Noé borracho*. Descascarillado con la violencia con que se majan los granos de trigo en la trilla. Todos le miran y algunos hasta le contemplan. Pocos días antes, *entre los que habían venido a celebrar la fiesta había algunos griegos; estos, acercándose a Felipe, el de Betsaida de Galilea, le rogaban: «Señor, queremos ver a Jesús». Felipe fue a decírselo a Andrés; y Andrés y Felipe fueron a decírselo a Jesús. Jesús les contestó: «Ha llegado la hora de que sea glorificado el Hijo del hombre. En verdad, en verdad os digo: si el grano de trigo no cae en tierra y muere, queda infecundo; pero si muere, da mucho fruto».*

Eutifrón es uno de aquellos griegos rezagado del grupo de viajeros que *quisieron ver a Jesús.* Su nombre significa Piedad. Quedó muy sorprendido al escuchar que el *grano de trigo que cae en tierra y muere es el que da fruto*. Ahora se ha llegado al Gólgota donde ese trigo va a morir y se le hace raro ver la desnudez del grano. No hay gloria ni grandeza en esa muerte vil. Despojado de su dignidad y abandonado de todos, Jesús es una inutilidad absoluta. ¿Qué hubiera sido de **Eutifrón** si hubiera escuchado los diálogos de la última Cena? *Nadie tiene amor más grande que el que da la vida por sus amigos*. En qué cabeza filosófica cabe pensar que el adversario de la muerte no es la vida sino el amor. Lo que tiene lógica es pensar que mil dioses muertos no pueden producir ni un gramo de amor verdadero. *De la nada, nada sale*. La muerte es definitiva: *Cuando ella es, yo no soy; cuando yo soy, ella no es*. Esta es la verdad. *La diga Agamenón o su porquero…*

Un filósofo prusiano que aprendió a blasfemar de la mano de un persa llamado Zaratustra, decía: *Muertos están todos los dioses, ahora queremos que viva el superhombre*. Ya le había respondido Pilato desde la Historia cuando espetó a la multitud que gritaba: *Ecce homo, ¡he aquí al hombre!* y les mostró al Dios moribundo: un Cristo desnudo y solo. ¿Podrá ser Dios expuesto de nuevo ante la conciencia de los hombres? ¿Le entenderán o le dejarán pasar de largo, loco y solitario? ¿Será el camino, la verdad y la vida? Y dice Jesús: *Yo soy la verdad… Yo soy el grano que muere… Cuando levantéis en alto al Hijo del hombre, sabréis que «Yo soy»*. ¡Yo soy! Tal nombre ya había aterrorizado a Moisés en el episodio de la zarza. Yo soy verdad y te estoy redimiendo de la mentira y del no-ser.

XI ESTACIÓN
Jesús es clavado en la cruz
Por Longinos, el centurión

Como si fueran bichos, los verdugos enclavan el cuerpo de los reos a los maderos de las cruces. Es un espectáculo espeluznante. Incluso para la sensibilidad más estragada. Cada martillazo que cose los brazos y las piernas de Jesús al troco del árbol seco es un aldabonazo en la conciencia de los que miran. Los golpes repercuten de manera desigual en cada uno: los sacerdotes del templo, que dicen temer a Yahvé pero carecen de esperanza; los escribas simplemente apegados a los textos; doctores sin sabiduría; soldados de la guarnición, que miran para otro lado; familiares de los reos que gimen; curiosos y algunos espectadores aficionados al morbo; paseantes indolentes que bostezan... Cuando todo acabe, uno de los presentes, un centurión llamado **Longinos** pronunciará su propia sentencia: «*Verdaderamente este hombre era Hijo de Dios*».

Un centurión está hecho a la muerte. Tiene familiaridad casi adictiva con ella. La ha mirado de frente sin pestañear. Todo su cuerpo y su uniforme está impregnado del olor de la carne yerta. Arrancar la vida en el frenesí de un combate es un simple gesto de supervivencia. No requiere mucha destreza dar muerte al que te quiere matar. Basta la guía del instinto y de la furia. Pero matar a un prisionero es otra cosa. Matar a sangre fría, mirando a los ojos del despavorido al que le se le está cercenando el aliento requiere un cierto valor y una cierta profesionalidad. **Longinos** es un hombre de mando, un dador de muerte, un experto en violencia profesional. Es su oficio. Ser la espada de los que mandan. Pero este Jesús no es un desgraciado más. Este hombre tiene algo… Da entonces la orden de rematar la faena. *Uno de los soldados, con la lanza, le traspasó el costado, y al punto salió sangre y agua,* escribirá un testigo directo.

Mi nombre es **Longinos**, decidí desmarcarme del silencio de los corderos y proclamé una gran verdad en alta voz. ¡Escuchad! No estamos matando al hijo de un carpintero. Hemos dado muerte a Dios. Sea quien sea quien haya ordenado esta ejecución está claro que ignora que una fuerza muy superior ha guiado sus decisiones: «*No tendrías ninguna autoridad sobre mí si no te la hubieran dado de lo alto*», le había dicho este Jesús al Procurador, con un aplomo y una majestad que no he encontrado en ningún hombre hasta ahora. Y cuando en el mercado universal de la mentira se parlotea, se engaña sin rubor a la opinión pública, se puebla el aire con las voces huecas de los sofistas, de los embusteros profesionales ¿habrá algún hombre sencillo y valiente que se atreva a decir que *el rey va desnudo*? ¿Un hombre que, aunque no sepa de fe, tenga razón y corazón para proclamar que el hijo del carpintero es el Dios vivo y verdadero?

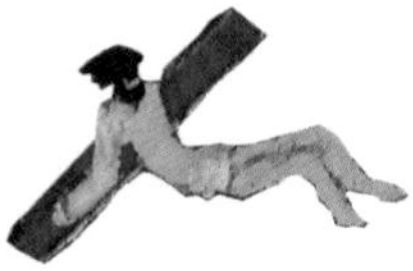

XII ESTACIÓN
Jesús muere en la cruz
Por Juan, el adolescente

Junto a la cruz de Jesús estaban su madre, la hermana de su madre, María, la de Cleofás, y María, la Magdalena. Jesús, al ver a su madre y junto a ella al discípulo al que amaba, dijo a su madre: «Mujer, ahí tienes a tu hijo». Luego, dijo al discípulo: «Ahí tienes a tu madre». Y desde aquella hora, el discípulo la recibió en su casa. En el amargo desenlace de la muerte de Jesús, hay un vórtice sereno y solemne de entrega. Un hombre recibe a una mujer. Así como José de Nazaret recibió la orden con palabras de ángel: *«José, hijo de David, no temas recibir en tu casa a María, tu mujer, porque la criatura que hay en ella viene del Espíritu Santo. Dará a luz un hijo y tú le pondrás por nombre Jesús, porque él salvará a su pueblo de sus pecados».* Ahora, Juan, con un eco de ese mismo mandato, recibe a la mujer por madre*: «Ahí tienes a tu madre». Y el discípulo la recibió en su casa».*

Desde lo alto del patíbulo, Jesús pronuncia siete palabras. Una de ellas congrega al trío que forman Jesús, María y **Juan**. Es la palabra entrega. Jesús entrega al Padre su espíritu. María es entregada al cuidado de Juan. Juan entrega su corazón virginal y será el único de los apóstoles que conocemos célibe. Después de Pentecostés, la palabra entrega será el motor de dos inmensos sacramentos: El Santísimo Sacramento, la Eucaristía. Y el Sacramento Grande: el Matrimonio. El pan se hace Hostia con esta palabra: *Esto es mi cuerpo que se entrega por vosotros...* Los cuerpos de los esposos se hacen una sola carne cuando dicen: *Yo me entrego a ti y prometo serte fiel.* Entregar. Recibir. Ser entregado. Darse. De la cruz brota un amor fecundo protagonizado por tres almas traslúcidas y tres cuerpos vírgenes. ¿Cómo no ver en Juan la sombra del padre? ¿Cómo no va a recibir a María como madre un joven imberbe que ha comprendido la hondura de la entrega por amor?

Yo, **Juan**, apóstol y evangelista, el que reposó la cabeza sobre el pecho de Jesús durante la última cena, os digo: *No olvidéis el amor.* No os dejéis encandilar por la lujuria estéril, por las píldoras que convierten el vientre de la mujer en un sepulcro, por las barreras que trasforman el sexo en una mentira. La nuestra es otra senda: Conocemos el secreto del amor que se dona. *Si conocieras el don de Dios,* le dijo Jesús a aquella mujer samaritana que hasta ese momento había llevado una vida disoluta. Haced del matrimonio una cosa santa, divina. *Haced del tálamo nupcial un altar* en el que se dé gloria a Dios Todopoderoso con la entrega mutua y el fruto fecundo de la simiente. *El lecho nupcial, que nadie lo mancille, porque los impuros y adúlteros solo conocen la lógica de la muerte.* Y a estos los juzgará severamente el Rey que da su vida en lo alto de la Cruz. *Y yo,* clama Jesús, *cuando sea elevado sobre la tierra, atraeré todas las cosas hacia mí.*

XIII ESTACIÓN

Jesús, entregado a su Madre

Por Abdías, el criado

La penúltima estación es toda de María. Ella recibe de nuevo en su seno el cuerpo de su Hijo. Cuerpo roto ahora, lacerado hasta el extremo por la tortura de la pasión. Ovillada sobre el cadáver del hijo amado, como un cuenco cálido y acogedor, María ya no mira al frente ni pregunta al mundo el porqué de tanta crueldad. Mantiene la vista baja y deja traslucir su corazón atravesado por la espada del dolor. Ha tenido que elegir entre dos hijos y ha consentido en el sacrificio del mejor. Por eso llora. Y perfuma con sus lágrimas los costurones de sangre que serpentean por la piel de Jesús.

Miguel Ángel Buonarroti retrató este momento como nadie en la *Pietà* que está en el Vaticano. Pero dulcificó todo tanto, que la idealización se llevó el rastro de este mar de lágrimas. María en la *Pietà* es una niña de mirada inocente. ¿Qué le falta? ¿Dónde está José para ayudarla a limpiar la suciedad del cuerpo angelical de su hijo? Del Descendimiento de *Van der Weyden* que se conserva en el Prado, sacamos una posible respuesta a esa pregunta. Hay entre los personajes del cuadro –María, Juan, la Magdalena, Nicodemo, José de Arimatea– un secundario que lleva en sus manos un frasco de aromas. Es un criado de Nicodemo llamado **Abdías**. Él lleva los aceites y perfumes para embalsamar el cuerpo de Jesús. ¿No es esa una tarea de mujer? ¿No hemos contemplado en Betania y en la casa de Simón el leproso esa hazaña femenina? *Al derramar el perfume sobre mi cuerpo, estaba preparando mi sepultura,* advirtió Jesús.

Soy **Abdías**, el sirviente que fue portador del frasco de los aromas y de los óleos. Y me reconozco en el justo José de Nazaret que siempre obedeció los mandatos del Señor: *José hizo lo que le había mandado el ángel del Señor.* José fue un servidor eficiente y yo procuro imitar su diligencia. La cantidad de perfume encargado por Nicodemo era enorme: *unas cien libras de una mixtura de mirra y áloe.* Solo un varón fuerte puede cargar con tanto. Y aquí están mis brazos, si bien no poderosos, sí al menos disciplinados. Como **Abdías**, como José, hay en el mundo miles de hombres y mujeres que sirven, que cumplen con la hermosa tarea de servir, de hospedar, de cuidar. *Algunos sin saberlo, hospedaron ángeles,* cuando pensaban solo en ejercer la caridad con los visitantes. La administración doméstica –oficio que tuvo aquel otro José, el hijo de Jacob, el que fue esclavo en Egipto– es un trabajo que tiene todo el aroma divino del servicio. Del buen olor de Cristo. Del amor que fluye, que se abaja, que se dona: *Yo estoy entre vosotros como el que sirve.*

XIV ESTACIÓN
Depositan a Jesús en el sepulcro

Por José de Arimatea, el otro José

Las primeras manos de varón que tocaron a Dios hecho carne fueron las de José de Nazaret. Sostuvieron un pequeño cuerpo salido de las entrañas virginales de María, su esposa. Dios en carne. Dios con nosotros. *Emmanuel*. Jesucristo, nuestro salvador. El Hijo de Dios con cuerpo, sangre y alma unidos a su divinidad en la Persona del Verbo. Un gran misterio que es la vida para los hombres oprimidos por el pecado en la oscura desesperanza de la muerte. José, el carpintero, el descendiente de David, el que todos pensaban que era el padre de Jesús, es un varón justo de la tribu de Judá.

Las últimas manos de varón que tocaron el cuerpo muerto de Jesús fueron las de otro **José**. José de Arimatea. Hombre justo, valiente, amigo leal de Jesús e influyente entre los poderosos de Israel. José es dueño de un huerto *cercano al sitio donde lo crucificaron. En el huerto había un sepulcro nuevo donde nadie había sido enterrado todavía. Y como para los judíos era el día de la Preparación, y el sepulcro estaba cerca, pusieron allí a Jesús.* **José** acogió el cadáver de Jesús recién desprendido del leño de la cruz y lo depositó en su propia sepultura. Una tumba nueva, tallada en la roca, virginal. De los brazos de María en la piedad pasa el cuerpo sin vida de Jesús a los de **José** que lo abraza con la recia ternura de hombre que estrecha al amigo exánime contra su pecho.

Soy **José** de Arimatea, uno de los *miembros del Sanedrín, que he esperado el reino de Dios y me presenté decidido ante Pilato para pedirle el cuerpo de Jesús*. Me honra llevar el mismo nombre que José de Nazaret. Como en su caso, no quedan en el Evangelio recogidas palabras mías. Solo hechos. No quiero, por tanto, hacer discurso de la paternidad. Me quedo con la respuesta a la oración de Jesús: *Padre, en tus manos encomiendo mi espíritu*. En las mías quedó encomendado su cuerpo. El Cuerpo de Cristo. El que ahora podéis comulgar a diario los católicos. Recibidlo con amor grande. Ya sabéis que pasado mañana el cuerpo y el alma de Jesús volverán a juntarse. Jesús va a resucitar al tercer día. La liturgia de la Iglesia católica saludará este acontecimiento, piedra angular de su fe, con la palabra Aleluya. La repetiremos mil veces durante toda la Pascua. Sin embargo,, la palabra que nos dijimos unos a otros los que estuvimos allí, la que corrió de boca en boca, era otra. Nos decíamos: «*Era verdad*». «*Todo lo que Juan dijo de este era verdad*». «*Era verdad, ha resucitado el Señor y se ha aparecido a Simón*». La liturgia lo celebra con un adverbio: *Surrexit Dominus vere*.

El Señor ha resucitado verdaderamente.

Oración final

Tras haber presenciado la muerte de Jesús, con san José, patrono de la buena muerte, pedimos a Dios Todopoderoso:

Creador mío y Padre mío, te pido la más importante de todas tus gracias: la perseverancia final y una muerte santa. Por grande que haya sido el abuso hecho de la vida que me has dado, concédeme vivirla desde ahora y terminarla en tu santo amor.

Que yo muera como los Santos Patriarcas, dejando sin tristeza este valle de lágrimas, para ir a gozar del descanso eterno en mi verdadera patria.

Que yo muera como el glorioso san José, acompañado de Jesús y de María, pronunciando estos nombres dulcísimos, que espero bendecir por toda la eternidad.

Que yo muera como la Virgen Inmaculada, en la caridad más pura y con el deseo de unirme al único objeto de mis amores.

Que yo muera como Jesús en la Cruz, plenamente identificado con la Voluntad del Padre, hecho holocausto por amor.

Jesús, muerto por mí, concédeme la gracia de morir en un acto de perfecta caridad hacia ti.

Santa María, Madre de Dios, ruega por mí ahora y en la hora de mi muerte. San José, mi padre y señor, alcánzame que muera con la muerte de los justos.

Señor, Dios mío: ya desde ahora acepto de buena voluntad, como venida de tu mano, cualquier género de muerte que quieras enviarme, con todas sus angustias, penas y dolores.

V/. Jesús, José y María.
R/. Os doy el corazón y el alma mía.
V/. Jesús, José y María.
R/. Asistidme en la última agonía.
V/. Jesús, José y María.
R/. En vos descanse en paz el alma mía.

Notas y referencias

Nota del autor:
Amigo lector, este libro está hecho para meditar con él. No he querido distraerte con notas. Ahora, finalizado el ejercicio piadoso, puedes encontrar las referencias de la letra cursiva del texto en las siguientes notas.

INTRODUCCIÓN

San Josemaría Escrivá, 1 de junio de 1974: *"He aprendido en este mes de mayo a vivir con José. ¡A mi edad! Acabo de ver cómo meter a san José también en los misterios dolorosos… ¿Los dolorosos, cuando san José está ausente de la muerte de Jesús? Entonces digo: hago sus veces. ¡Hala! ¡Y adelante! Me viene muy bien. Es una pequeña pillería que os enseño, que no es hacer el idiota. Eso es tener corazón de hombre, y no me da vergüenza…" (São Paulo, Brasil, Catequesis en América I, 159).*

Santa Teresa, *Libro de su vida, V 6, 8: "No sé cómo se puede pensar en la Reina de los ángeles en el tiempo que tanto pasó con el Niño Jesús, que no den gracias a san José por lo bien que les ayudó en ellos. Quien no hallare maestro que le enseñe oración, tome este glorioso santo por maestro y no errará en el camino".*

Sal 1, 1-6: *Dichoso el hombre | que no sigue el consejo de los impíos, | ni entra por la senda de los pecadores, | ni se sienta en la reunión de los cínicos; sino que su gozo es la ley del Señor, | y medita su ley día y noche. Será como un árbol | plantado al borde de la acequia: | da fruto en su sazón | y no se marchitan sus hojas; | y cuanto emprende tiene buen fin. No así los impíos, no así; | serán paja que arrebata el viento. En el juicio los impíos no se levantarán, | ni los pecadores en la asam-*

blea de los justos. Porque el Señor protege el camino de los justos, | pero el camino de los impíos acaba mal.

San Josemaría Escrivá, *Santo Rosario*, prólogo: *"Hazte pequeño. Ven conmigo y –este es el nervio de mi confidencia– viviremos la vida de Jesús, María y José. Cada día les prestaremos un nuevo servicio. Oiremos sus pláticas de familia. Veremos crecer al Mesías. Admiraremos sus treinta años de oscuridad... Asistiremos a su Pasión y Muerte... Nos pasmaremos ante la gloria de su Resurrección... En una palabra: contemplaremos, locos de Amor (no hay más amor que el Amor), todos y cada uno de los instantes de Cristo Jesús".*

San Josemaría Escrivá, *Amigos de Dios, 222: "Para acercarse al Señor a través de las páginas del Santo Evangelio, recomiendo siempre que os esforcéis por meteros de tal modo en la escena, que participéis como un personaje más. Así –sé de tantas almas normales y corrientes que lo viven–, os ensimismaréis como María, pendiente de las palabras de Jesús o, como Marta, os atreveréis a manifestarle sinceramente vuestras inquietudes, hasta las más pequeñas".*

Card. John H. Newman, *Discursos sobre la fe*, 1848: *"Los sufrimientos morales de Nuestro Señor en su pasión"*. (Patmos, col. Neblí, 1981, pp. 315-330. Discurso Decimosexto).

Papa Francisco, Carta Apostólica *Patris Corde*: Con corazón de padre: así José amó a Jesús, llamado en los cuatro Evangelios «el hijo de José».

I
CONDENA
¿Qué es la verdad?

Jn 19, 8-9: *Cuando Pilato oyó estas palabras tuvo más miedo. Y volvió al pretorio y le dijo a Jesús: «¿De dónde eres tú?»*

Lc 3, 23: *Jesús, al empezar, tenía unos treinta años, y se pensaba que era hijo de José.*

Lc 4, 22: *¿No es este el hijo de José?*

Mt 13, 55: *¿No es el hijo del carpintero?*

Mt 21, 10: *¿Quién es este?*

Mt 22, 42: *¿Qué pensáis acerca del Mesías? ¿De quién es hijo?*

Mt 8, 27: *¿Quién es este que hasta el viento y el mar le obedecen?*

Ecl 4, 10: *¡Ay, del que está solo!» Solo hay uno que le defiende.*

Jn 18, 37: *Pilato le dijo: «¿O sea, que tú eres Rey?»*

Jn 7, 51 y ss: *¿Acaso nuestra ley permite juzgar a nadie sin escucharlo primero y averiguar lo que ha hecho?*

Jn 19, 5: *Y salió Jesús afuera, llevando la corona de espinas y el manto color púrpura. Pilato les dijo: «He aquí al hombre».*

Jn 18, 38: *¿Y qué es la verdad?*

Jn 3, 10-11: *Le contestó Jesús: «¿Tú eres maestro en Israel, y no lo entiendes? En verdad, en verdad te digo: hablamos de lo que sabemos y damos testimonio de lo que hemos visto, pero no recibís nuestro testimonio».*

II
A CUESTAS
Un hombre enfermo

Ave Crux, Spes única: Es la novena estrofa del *Vexilla Regis*, un himno compuesto por el obispo san Venancio Fortunato en el siglo VI con motivo del traslado de las reliquias de la *Vera Crux* desde Jerusalén al monasterio de Poitiers en Francia.

Lc 9, 23: *Entonces decía: «Si alguno quiere venir en pos de mí, que se niegue a sí mismo, tome su cruz cada día y me siga».*

Jn 5, 5-7: *Estaba también allí un hombre que llevaba treinta y ocho años enfermo. Jesús, al verlo echado, y sabiendo que ya llevaba mucho tiempo, le dice:*

«¿Quieres quedar sano?». El enfermo le contestó: «Señor, no tengo a nadie que me meta en la piscina cuando se remueve el agua; para cuando llego yo, otro se me ha adelantado».

Ecl 4, 10: *¡Ay, del que está solo!.*

Job 1, 1: *Un hombre llamado Job. Era justo, honrado y temeroso de Dios y vivía apartado del mal.*

Job 3, 24-26: *Por alimento tengo mis sollozos, | los gemidos se me escapan como agua. Me sucede lo que más me temía, | lo que más me aterraba me acontece. Carezco de paz y de sosiego | intranquilo por temor a un sobresalto.*

Lc 15, 5: *Oveja perdida.*

Jn 5, 8-9: *Jesús le dice: «Levántate, toma tu camilla y echa a andar». Y al momento el hombre quedó sano, tomó su camilla y echó a andar. Aquel día era sábado.*

Ap 21, 5: *He aquí que hago nuevas todas las cosas.*

Lc 16, 19-22: *Había un hombre rico que se vestía de púrpura y de lino y banqueteaba cada día. Y un mendigo llamado Lázaro estaba echado en su portal, cubierto de llagas, y con ganas de saciarse de lo que caía de la mesa del rico. Y hasta los perros venían y le lamían las llagas.*

III
CAE
La depresión

Mc 5, 36: *Le dijo al jefe de la sinagoga: «No temas; basta que tengas fe».*

2 Sam 1, 12: *Hicieron duelo, lloraron y ayunaron hasta la tarde por Saúl y por su hijo Jonatán.*

Sal 38 (37): *"No hay parte ilesa en mi carne | a causa de tu furor; | no tienen descanso mis huesos | a causa de mis pecados. Mis culpas sobrepasan mi cabeza, | son un peso superior a mis fuerzas. Mis llagas están podridas y supuran | por causa de mi insensatez; voy encorvado y encogido, | todo el día camino sombrío.*

Tengo las espaldas ardiendo, | no hay parte ilesa en mi carne; estoy agotado, deshecho del todo; | rujo con más fuerza que un león".

Ecl 12, 3-5: *Ese día temblarán los guardianes de la casa, y los valientes se encorvarán; las que muelen serán pocas y se pararán; los que miran por las ventanas se ofuscarán; las puertas de la calle se cerrarán y el ruido del molino será solo un eco; se debilitará el canto de los pájaros, las canciones se irán apagando; darán miedo las alturas y en las calles rondarán los terrores; cuando florezca el almendro y se arrastre la langosta y sea ineficaz la alcaparra; porque el hombre va a la morada de su eternidad y el cortejo fúnebre recorre las calles.*

Jn 5, 8: *«Levántate, toma tu camilla y echa a andar».*

Queen, *Another one bites the dust*: "Hay muchas formas en las que puedes abatir a un hombre y tirarlo al suelo: Puedes molerlo a palos; puedes jugar sucio; puedes maltratarlo y abandonarlo cuando está caído".

Jn 11, 43: *Gritó con voz potente: «Lázaro, sal afuera».*

San Josemaría Escrivá, *Amigos de Dios, 131*: "Santo no es el que no cae, sino el que siempre se levanta".

IV
ENCUENTRO
La justicia

Mt 13, 55: *¿No es el hijo del carpintero?*

Mc 6, 3-4: *¿No es este el carpintero, el hijo de María, hermano de Santiago y José y Judas y Simón? Y sus hermanas ¿no viven con nosotros aquí?.*

Jn 19, 25: *Junto a la cruz de Jesús estaban su madre, la hermana de su madre, María, la de Cleofás, y María, la Magdalena.*

Sant 2, 12: *Hablad y actuad como quienes van a ser juzgados por una ley de libertad.*

Eusebio de Cesarea, 2. 1. 5: Santiago llegará a ser el primer obispo de Jerusalén y entre los cristianos llevará el apodo de El Justo.

Hech 12, 17: *Pero él, haciéndoles señas con la mano para que callaran, les contó cómo el Señor lo sacó de la cárcel. Y añadió: «Informad de esto a Santiago y a los hermanos».*

Hech 15, 13-14: *Cuando terminaron de hablar, Santiago tomó la palabra y dijo: «Escuchadme, hermanos: Simón ha contado cómo Dios por primera vez se ha dignado escoger para su nombre un pueblo de entre los gentiles».*

Hech 21, 18: *Al día siguiente, Pablo entró con nosotros en casa de Santiago; se reunieron también todos los presbíteros.*

V
AYUDA
La cosa pública

Mt 27, 32: *Al salir, encontraron a un hombre de Cirene, llamado Simón, y lo forzaron a llevar su cruz.*

Gal 3,13: *Está escrito: Maldito todo el que cuelga de un madero.*

Deut 21, 23: *Un colgado es maldición de Dios.*

Jn 18, 33-36: *Entró otra vez Pilato en el pretorio, llamó a Jesús y le dijo: «¿Eres tú el rey de los judíos?». Jesús le contestó: «¿Dices eso por tu cuenta o te lo han dicho otros de mí?». Pilato replicó: «¿Acaso soy yo judío? Tu gente y los sumos sacerdotes te han entregado a mí; ¿qué has hecho?». Jesús le contestó: «Mi reino no es de este mundo. Si mi reino fuera de este mundo, mi guardia habría luchado para que no cayera en manos de los judíos. Pero mi reino no es de aquí».*

Papa Francisco, Encíclica *Laudato si': mi' Signore –Alabado seas, mi Señor– cantaba san Francisco de Asís. En ese hermoso cántico nos recordaba que nuestra casa común es también como una hermana, con la cual compartimos la existencia, y como una madre* bella que nos acoge entre sus brazos: «Alabado seas, mi Señor, por la hermana nuestra madre tierra, la cual nos sustenta, y gobierna y produce diversos frutos con coloridas flores y hierba».

San Juan Pablo II, *Evangelium vitae*: «*El valor de la democracia se mantiene o cae con los valores que encarna y promueve: fundamentales e imprescindibles son ciertamente la dignidad de cada persona humana, el respeto de sus derechos inviolables e inalienables, así como considerar el «bien común» como fin y criterio regulador de la vida política*».

VI
IMAGEN
Los artistas

Lc 22, 43-44: *Y se le apareció un ángel del cielo, que lo confortaba. En medio de su angustia, oraba con más intensidad.*

Gen 37, 3-4: *Israel amaba a José más que a todos los otros hijos, porque le había nacido en la vejez, y le hizo una túnica con mangas. Al ver sus hermanos que su padre lo prefería a los demás, empezaron a odiarlo y le negaban el saludo.*

Is 53, 1-5: *Lo estimamos leproso, herido de Dios y humillado; pero él fue traspasado por nuestras rebeliones, triturado por nuestros crímenes...*

Tob 5,13: *Entonces el ángel precisó [a Tobías]: «Soy Azarías, hijo del célebre Ananías, uno de tus parientes».*

Ps 79: *Pastor de Israel, escucha, tú que guías a José como a un rebaño.*

Tob 12, 12: «*Cuando tú y Sara orabais, era yo quien presentaba el memorial de vuestras oraciones ante la gloria del Señor*».

San Juan Pablo II, *Carta a los artistas*: «*Nadie mejor que vosotros, artistas, geniales constructores de belleza, puede intuir algo del* pathos *con el que Dios, en el alba de la creación, contempló la obra de sus manos. Un eco de aquel sentimiento se ha reflejado infinitas veces en la mirada con que vosotros, al igual que los artistas de todos los tiempos, atraídos por el asombro del poder de los sonidos y de las palabras, de los colores y de las formas, habéis admirado la obra de vuestra inspiración, descubriendo en ella como la resonancia de aquel misterio de la creación a la que Dios, único creador de todas las cosas, ha querido en cierto modo asociaros».*

Gen 1, 31: *Vio que era muy bueno cuanto había hecho.*

VII
RECAÍDA
El trabajo

Mc 3, 4-5: *A ellos les pregunta: «¿Qué está permitido en sábado?, ¿hacer lo bueno o lo malo?, ¿salvarle la vida a un hombre o dejarlo morir?». Ellos callaban. Echando en torno una mirada de ira y dolido por la dureza de su corazón, dice al hombre: «Extiende la mano». La extendió y su mano quedó restablecida.*

Sal 137, 5: *Que se me paralice la mano derecha si no me acuerdo de ti.*

Jn 5, 17: *«Mi Padre sigue actuando, y yo también actúo».*

Gen 3, 17-19: *A Adán le dijo [Yahvé]: «Por haber hecho caso a tu mujer y haber comido del árbol del que te prohibí, maldito el suelo por tu culpa: comerás de él con fatiga mientras vivas; brotará para ti cardos y espinas, y comerás hierba del campo. Comerás el pan con sudor de tu frente, hasta que vuelvas a la tierra, porque de ella fuiste sacado; pues eres polvo y al polvo volverás».*

A. Machado *Proverbios y Cantares X: La envidia.*

San Josemaría Escrivá, *Camino 440: Cuando hayas terminado tu trabajo, haz el de tu hermano, ayudándole, por Cristo, con tal delicadeza y naturalidad que ni el favorecido se dé cuenta de que estás haciendo más de lo que en justicia debes.*

VIII
LLANTOS
La escuela

Mc 14,51-52: *Lo iba siguiendo un muchacho envuelto solo en una sábana; y le echaron mano, pero él, soltando la sábana, se les escapó desnudo.*

Mt 27, 27-28: *Los soldados se llevaron a Jesús al pretorio y reunieron alrededor de él a la cohorte y le pusieron un manto de color púrpura.*

Lc 23, 30: *Entonces empezarán a decirles a los montes: «Caed sobre nosotros», y a las colinas: «Cubridnos».*

Lc 23, 28-29-31: *Hijas de Jerusalén, no lloréis por mí, llorad por vosotras y por vuestros hijos, porque mirad que vienen días en los que dirán: «Bienaventuradas las estériles y los vientres que no han dado a luz (...) porque, si esto hacen con el leño verde, ¿qué harán con el seco?».*

Hech 12: Marcos acompañó a san Pablo y terminó siendo el secretario de san Pedro. Su Evangelio salió de la predicación del primer Papa.

Gen 37 y ss: *Sueños de José.*

Sal 15: *Hasta de noche me instruye internamente.*

Crosby, Still, Nash & Young, *Teach your children well: Tú, que estás en el camino / Enseña bien a tus hijos / por favor, ayúdalos con tu juventud. / Porque buscan la verdad antes de morir.*

Sal 1, 3-4: *Será como un árbol | plantado al borde de la acequia: | da fruto en su sazón | y no se marchitan sus hojas; | y cuanto emprende tiene buen fin. No así los impíos, no así; | serán paja que arrebata el viento.*

San Josemaría Escrivá: *No dejéis de pedir por ellos, para que sean siempre sacerdotes fieles, piadosos, doctos, entregados, ¡alegres! (Sacerdote para la eternidad).*

IX
Y VAN TRES
La epidemia

Is 1, 6: *De la planta del pie a la cabeza no queda parte ilesa: heridas y contusiones, llagas abiertas, sin limpiar ni vendadas ni aliviadas con aceite.*

Mc 5, 15: *Se acercaron a Jesús y vieron al endemoniado que había tenido la legión, sentado, vestido y en su juicio. Y se asustaron.*

Lc 8, 35: *Llegaron junto a Jesús y encontraron al hombre del que habían salido los demonios, sentado a sus pies, vestido y en su sano juicio, y se llenaron de temor.*

Mc 5, 18-19: *Mientras se embarcaba, el que había estado poseído por el demonio le pidió estar con él. Pero no se lo permitió, sino que le dijo: «Vete a casa con los tuyos y anúnciales lo que el Señor ha hecho contigo y que ha tenido misericordia de ti».*

Gen 50, 13: *Efrón el hitita vendió un campo en la tierra de Canaán a Jacob. Allí José y sus hermanos, patriarcas de Israel, enterraron a su padre.*

Paulo de Rokha: *El Folletín del diablo* (1920).

Ap 6, 7-8: *Cuando abrió el cuarto sello, oí la voz del cuarto viviente que decía: «Ven». Y vi un caballo amarillento; el jinete se llamaba Muerte, y el Abismo lo seguía. Se les dio potestad sobre la cuarta parte de la tierra, para matar con espada, hambre, epidemias y con las fieras salvajes.*

Gen 3, 19: *Eres polvo y al polvo volverás.*

Ap 20, 14: *El lago de fuego es la muerte segunda.*

X
DESPOJO
La Iglesia

Jn 19, 23-24: *Los soldados, cuando lo crucificaron, cogieron su ropa, haciendo cuatro partes, una para* cada soldado, y apartaron la túnica. Era una túnica sin costura, tejida toda de una pieza de arriba abajo. Y se dijeron: «No la rasguemos, sino echémosla a suerte, a ver a quién le toca».

Jn 12, 24: *En verdad, en verdad os digo: si el grano de trigo no cae en tierra y muere, queda infecundo; pero si muere, da mucho fruto.*

Gen 9, 21-23: *Noé era agricultor y fue el primero en plantar una viña. Bebió del vino, se emborrachó y quedó desnudo dentro de su tienda. Cam, padre de Canaán, vio a su padre desnudo y salió a contárselo a sus dos hermanos. Sem y Jafet tomaron el manto, se lo echaron ambos sobre sus hombros y, caminando de espaldas, taparon la desnudez de su padre; como tenían el rostro vuelto, no vieron desnudo a su padre.*

Jn 15, 13-14: *Nadie tiene amor más grande que el que da la vida por sus amigos. Vosotros sois mis amigos si hacéis lo que yo os mando.*

Jn 8, 58-59: *Jesús les dijo: «En verdad, en verdad os digo: antes de que Abrahán existiera, yo soy». Entonces cogieron piedras para tirárselas, pero Jesús se escondió y salió del templo.*

Jn 14, 6: *«Yo soy el camino y la verdad y la vida. Nadie va al Padre sino por mí».*

Ex 3,14: *Esto dirás a los hijos de Israel: «Yo soy» me envía a vosotros.*

Epicuro, filósofo, Samos, 341 a.C. - Atenas, 270 a.C.: *Mientras somos, la muerte no es, y cuando la muerte es, nosotros no somos.*

Platón Diálogo Eutifrón de 399 a.C. Platón escribió un diálogo sobre el amor entre los dioses y los hombres.

Antonio Machado, *Juan de Mairena:* "La verdad es la verdad, la diga Agamenón o su porquero".

Parménides: *Ex nihilo nihil fit.* De la nada, nada se hace.

Friedrich Nietzsche, *Así habló Zaratustra:* «¿No oímos todavía el ruido de los sepultureros que entierran a

Dios? ¿No nos llega todavía ningún olor de la putrefacción divina? ¡También los dioses se pudren! ¡Dios ha muerto! ¡Y nosotros lo hemos matado! ¿Cómo podremos consolarnos, asesinos entre los asesinos?...».

Gen 3, 13-14: «Si ellos me preguntan: "¿Cuál es su nombre?", ¿qué les respondo?. Dios dijo a Moisés: "Yo soy el que soy"; esto dirás a los hijos de Israel: "Yo soy" me envía a vosotros».

XI
ENCLAVADO
La fe y la razón

Mc 15, 39: El centurión, al ver cómo había expirado, dijo: «Verdaderamente este hombre era Hijo de Dios».

Jn 19, 31-35: Los judíos entonces, como era el día de la Preparación, para que no se quedaran los cuerpos en la cruz el sábado, porque aquel sábado era un día grande, pidieron a Pilato que les quebraran las piernas y que los quitaran. Fueron los soldados, le quebraron las piernas al primero y luego al otro que habían crucificado con él; pero al llegar a Jesús, viendo que ya había muerto, no le quebraron las piernas, sino que uno de los soldados, con la lanza, le traspasó el costado, y al punto salió sangre y agua. El que lo vio da testimonio, y su testimonio es verdadero, y él sabe que dice verdad, para que también vosotros creáis.

Jn 19, 10-11: Pilato le dijo: «¿A mí no me hablas? ¿No sabes que tengo autoridad para soltarte y autoridad para crucificarte?». Jesús le contestó: «No tendrías ninguna autoridad sobre mí si no te la hubieran dado de lo alto. Por eso el que me ha entregado a ti tiene un pecado mayor».

El rey desnudo, cuento de Hans Christian Andersen (1837). La versión de Don Juan Manuel en su obra *El conde Lucanor: Exemplo XXXII - De lo que contesció a un rey con los burladores que fizieron el paño.*

XII
AGONÍA
El matrimonio y la Eucaristía

Jn 19, 25-27: *Junto a la cruz de Jesús estaban su madre, la hermana de su madre, María, la de Cleofás, y María, la Magdalena. Jesús, al ver a su madre y junto a ella al discípulo al que amaba, dijo a su madre: «Mujer, ahí tienes a tu hijo». Luego, dijo al discípulo: «Ahí tienes a tu madre». Y desde aquella hora, el discípulo la recibió en su casa.*

Mt 1, 20-24: *se le apareció en sueños un ángel del Señor que le dijo: «José, hijo de David, no temas acoger a María, tu mujer, porque la criatura que hay en ella viene del Espíritu Santo. Dará a luz un hijo y tú le pondrás por nombre Jesús, porque él salvará a su pueblo de sus pecados». (...) Cuando José se despertó, hizo lo que le había mandado el ángel del Señor y recibió en su casa a su mujer.*

Lc 22, 19: *Tomando pan, después de pronunciar la acción de gracias, lo partió y se lo dio diciendo: «Esto es mi cuerpo, que se entrega por vosotros; haced esto en memoria mía».*

Ritual del Matrimonio: *Yo, N., te recibo a ti, N., como esposa y me entrego a ti, y prometo serte fiel en la prosperidad y en la adversidad, en la salud y en la enfermedad, y así amarte y respetarte todos los días de mi vida.*

Lc 23, 46: *Padre, en tus manos encomiendo mi espíritu.*

Ef 5, 28-32: *Nadie jamás ha odiado su propia carne, sino que le da alimento y calor, como Cristo hace con la Iglesia, porque somos miembros de su cuerpo. Por eso dejará el hombre a su padre y a su madre, y se unirá a su mujer y serán los dos una sola carne. Es este un gran misterio: y yo lo refiero a Cristo y a la Iglesia.*

André Frossard, *No olvidéis el amor, La pasión de san Maximiliano Kolbe*, Ed. Palabra 2018.

Jn 4, 10: *«Si conocieras el don de Dios y quién es el*

que te dice "*dame de beber*", le pedirías tú, y él te daría agua viva».

Jn 12, 32: «*Y cuando yo sea elevado sobre la tierra, atraeré a todos hacia mí*». Esto lo decía dando a entender la muerte de que iba a morir.

Heb 13, 4: *Que todos respeten el matrimonio; el lecho nupcial, que nadie lo mancille, porque a los impuros y adúlteros Dios los juzgará.*

San Josemaría Escrivá: *"En otros sacramentos la materia es el pan, es el vino, es el agua... Aquí son vuestros cuerpos. (...) Yo veo el lecho conyugal como un altar; está allí la materia del sacramento"* (Apuntes tomados de una reunión familiar (1967), recogido en *Diccionario de san Josemaría*, Burgos 2013, p. 490).

XIII
PIEDAD
El hogar

Jn 12, 3: *María tomó una libra de perfume de nardo, auténtico y costoso, le ungió a Jesús los pies y se los enjugó con su cabello.*

Jn 11, 2: María ungió al Señor con perfume y le enjugó los pies con su cabellera; el enfermo era su hermano Lázaro.

Mt 26, 10-12: *Jesús les dijo: «¿Por qué molestáis a la mujer? Ha hecho conmigo una obra buena. Porque a los pobres los tenéis siempre con vosotros, pero a mí no me tenéis siempre. Al derramar el perfume sobre mi cuerpo, estaba preparando mi sepultura».*

Miguel Ángel Buonarroti 1475-1564: Arquitecto, pintor y escultor. *Pietá*. Basílica de San Pedro en Roma.

Rogier Van der Weyden 1399-1464: Pintor. *Descendimiento*. Museo del Prado, Madrid.

Mt 1, 24: *Cuando José se despertó, hizo lo que le había mandado el ángel del Señor.*

Heb 13, 2: *No olvidéis la hospitalidad: por ella algunos, sin saberlo, hospedaron a ángeles.*

1 Rey 18, 3: Abdías era el mayordomo del rey Ajab. Abdías ayudó al profeta Elías cuando fue perseguido por el rey y su perversa esposa Jezabel. Es la figura de un doméstico que sirve de mensajero al profeta leal y que también escondió piadosamente a cientos de fieles de la ira de los reyes asesinos.

Jn 19, 39-40: *Llegó también Nicodemo, el que había ido a verlo de noche, y trajo unas cien libras de una mixtura de mirra y áloe. Tomaron el cuerpo de Jesús y lo envolvieron en los lienzos con los aromas, según se acostumbra a enterrar entre los judíos.*

Lc 22, 27: *«¿Quién es más, el que está a la mesa o el que sirve? ¿Verdad que el que está a la mesa? Pues yo estoy en medio de vosotros como el que sirve».*

XIV
SEPULTADO
La paternidad

Is 7, 14: *El Señor, por su cuenta, os dará un signo. Mirad: la virgen está encinta y da a luz un hijo, y le pondrá por nombre Enmanuel.*

Mt 1, 14: *José se levantó, tomó al niño y a su madre, de noche, se fue a Egipto.*

Mt 1, 21: *Se levantó [José], tomó al niño y a su madre y volvió a la tierra de Israel.*

Ef 3, 14-16: *Por eso doblo las rodillas ante el Padre, de quien toma nombre toda paternidad en el cielo y en la tierra, pidiéndole que os conceda, según la riqueza de su gloria, ser robustecidos por medio de su Espíritu.*

Lc 23, 50: *Había un hombre, llamado José, que era miembro del Sanedrín, hombre bueno y justo.*

Jn 19, 41: *Un sepulcro nuevo donde nadie había sido enterrado todavía.*

Mt 27, 57-60: *Llegó un hombre rico de Arimatea, lla-*

mado José (...) José, tomando el cuerpo de Jesús, lo envolvió en una sábana limpia, lo puso en su sepulcro nuevo que se había excavado en la roca, rodó una piedra grande a la entrada del sepulcro y se marchó.

Mc 15, 43-46: *Lo envolvió en la sábana y lo puso en un sepulcro.*

Lc 23, 46: *Y Jesús, clamando con voz potente, dijo: «Padre, a tus manos encomiendo mi espíritu». Y, dicho esto, expiró.*

Jn 10, 41: *Muchos acudieron a él y decían: «Juan no hizo ningún signo; pero todo lo que Juan dijo de este era verdad».*

Lc 24, 35: *«Era verdad, ha resucitado el Señor y se ha aparecido a Simón».*

Nota del ilustrador

Javier Láinez nos invita a contemplar el camino de Jesús al Gólgota. A través de sus meditaciones sobre las estaciones del Vía Crucis nos ayuda a ensimismarnos con las escenas, a entrar dentro de ellas, tomando la mano de los testigos que participan en ellas.

Las ilustraciones pretenden construir un espacio vacío alrededor de Jesús para que el lector pueda recorrer libremente cada estación. La imaginación queda libre para completar los espacios vacíos y seguir las sugerencias que le provoquen las ricas y delicadas descripciones de los textos.

A través del progresivo oscurecimiento de cada estación, trato de lanzar mi propia invitación a entrar en la noche oscura del alma que Cristo, libre y voluntariamente, aceptó transitar, para hacerse solidario y cargar sobre Él todo el mal, todo el sufrimiento, todo el pecado, toda la soledad y desesperación del mundo.

Luis Ruiz del Árbol

Índice

AGRADECIMIENTOS

A Verónica Ron y a Lola Vandeale por la revisión del texto y por sus acertadas sugerencias y correcciones.

A Rosalía Moro, por la corrección de estilo.

A Luis Ruiz del Árbol, providencial hallazgo, por haber aceptado ilustrar el texto con tanta premura y acierto.

A Nico Sangrador, por su apoyo entusiasta para publicar este libro.

LAUS DEO VIRGINIQUE MATRI EIUSDEMQUE IOSEPH FABRI!

Printed in Great Britain
by Amazon